Tortuga
para colorear

Coloring Pages for Kids

Coloring Pages for Kids
An imprint of Ciparum LLC

Tortuga para colorear
© 2017 Ciparum LLC
All rights reserved.
ISBN-10:1-63589-527-8
ISBN-13:978-1-63589-527-8

Coloring Pages for Kids

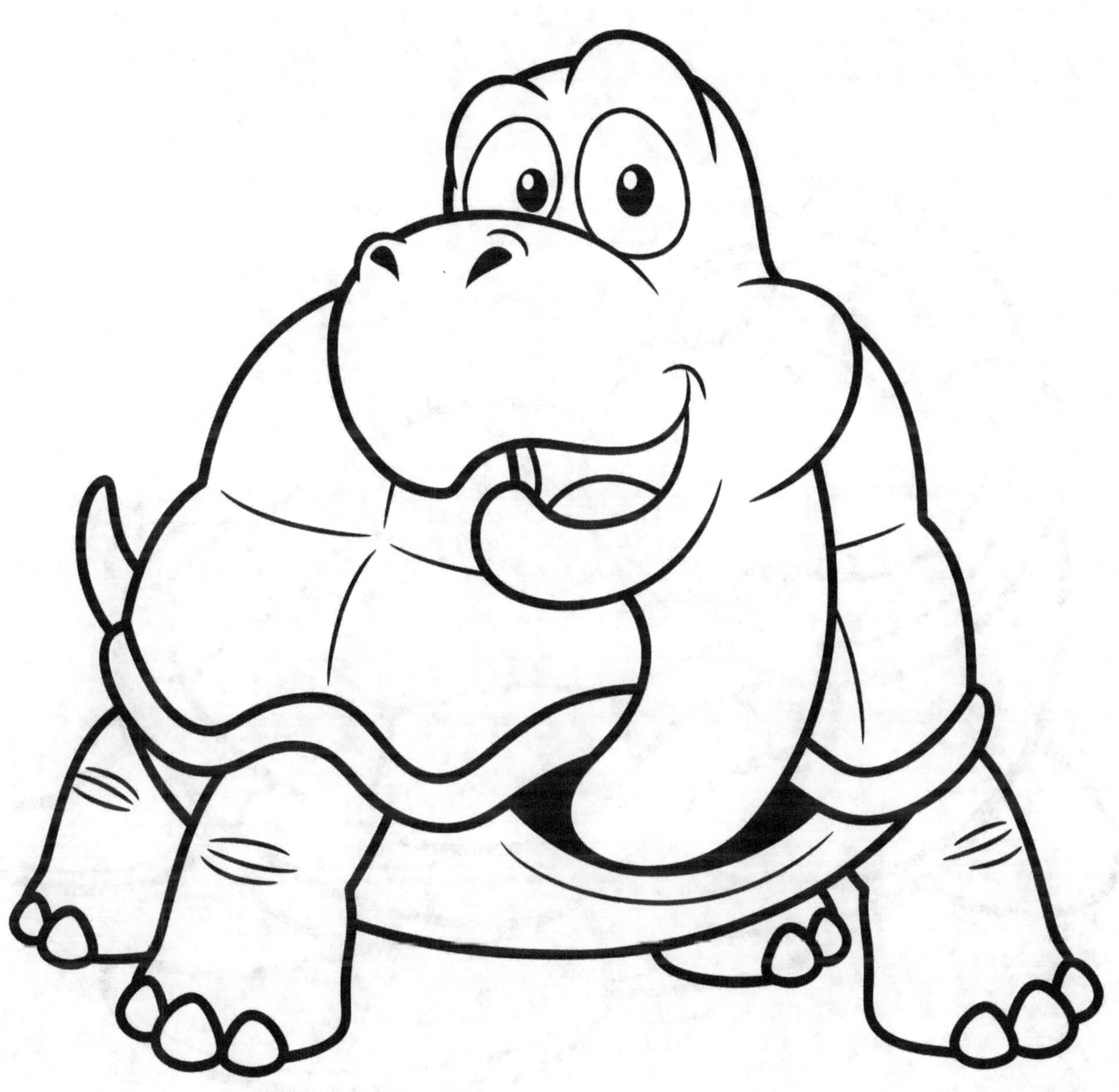

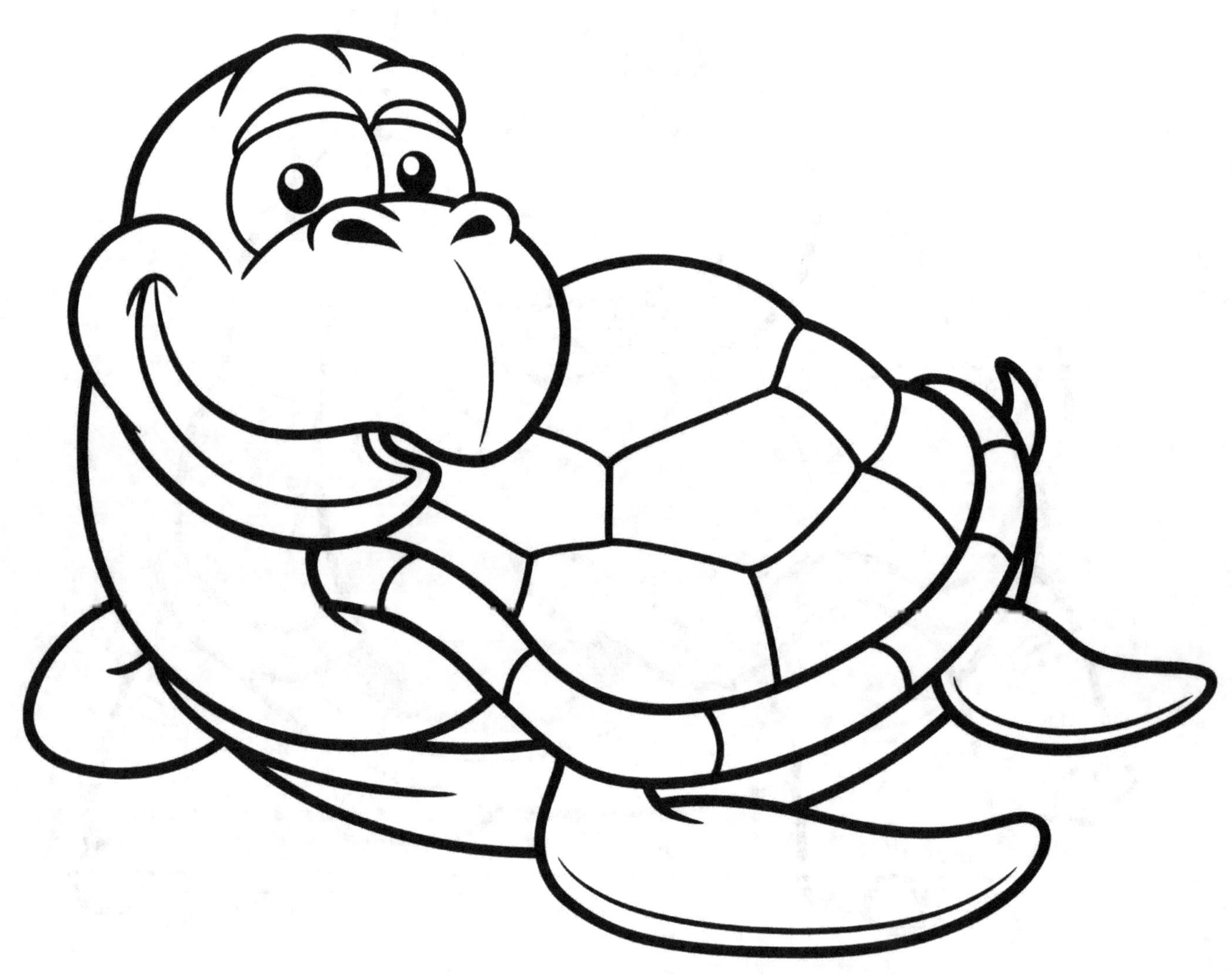

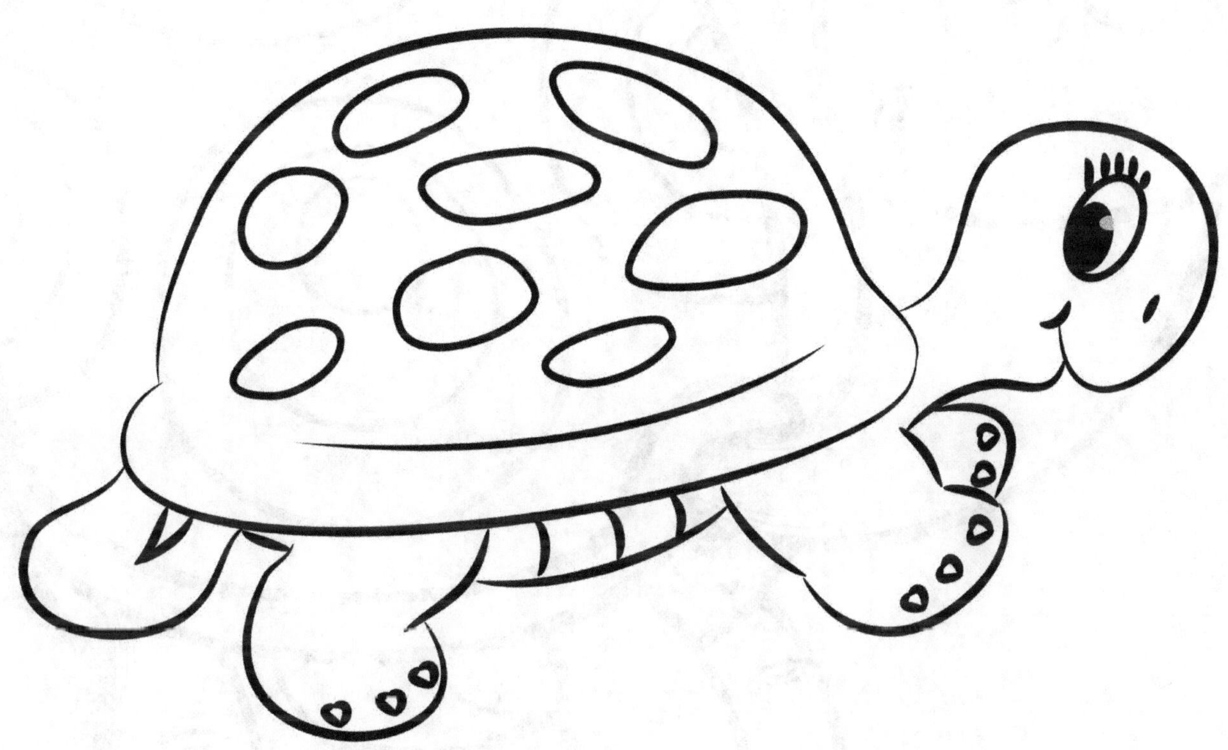

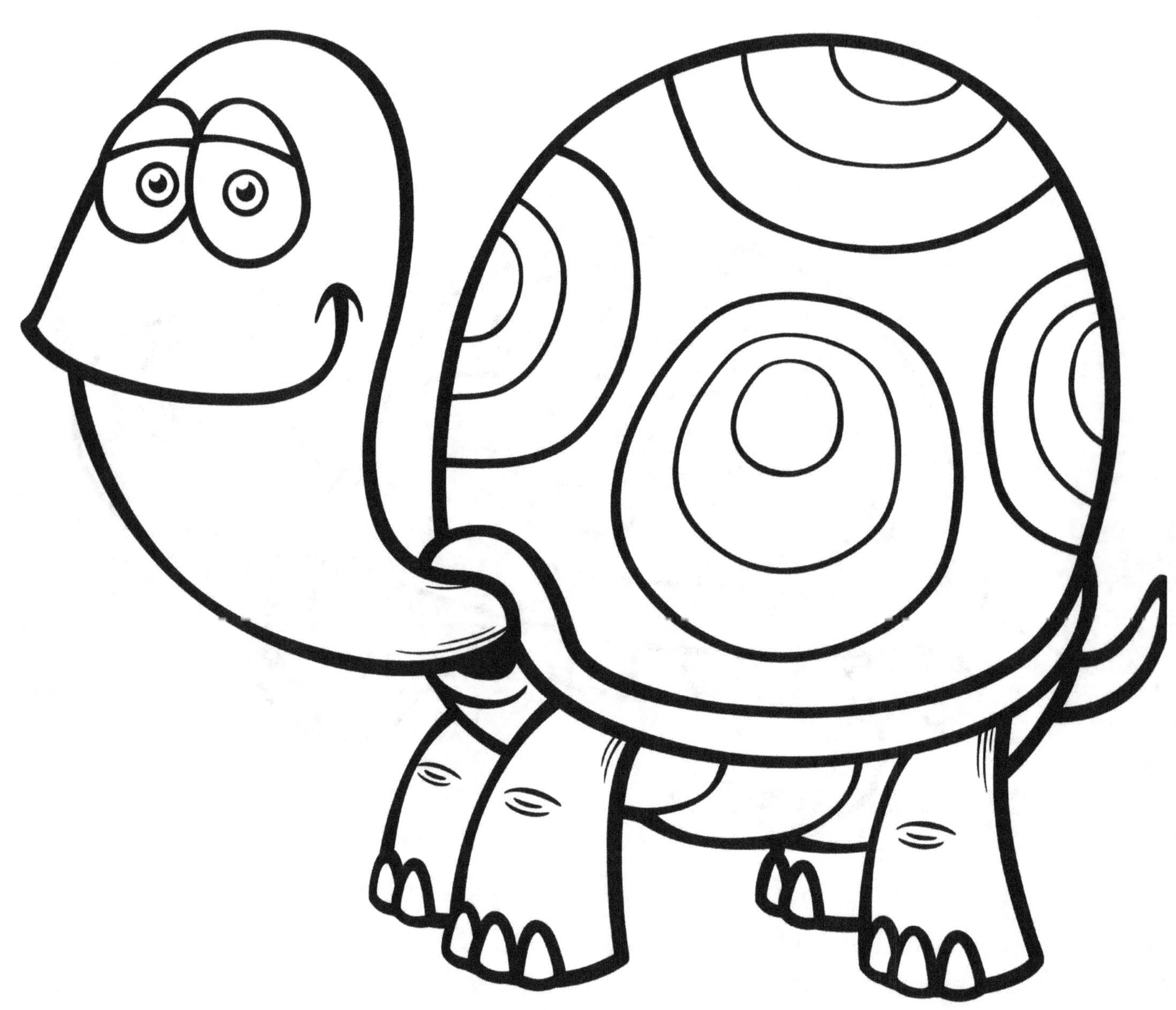

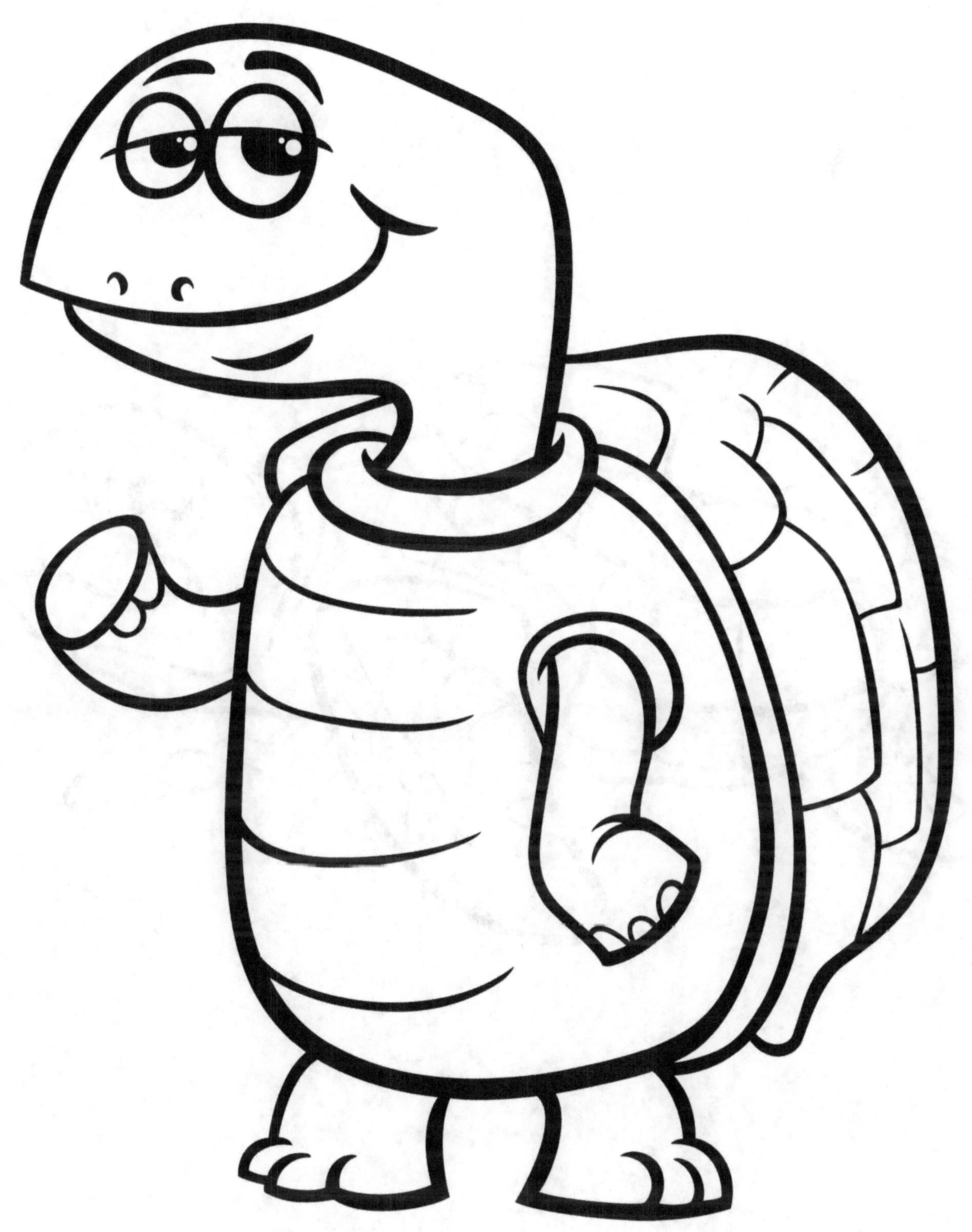

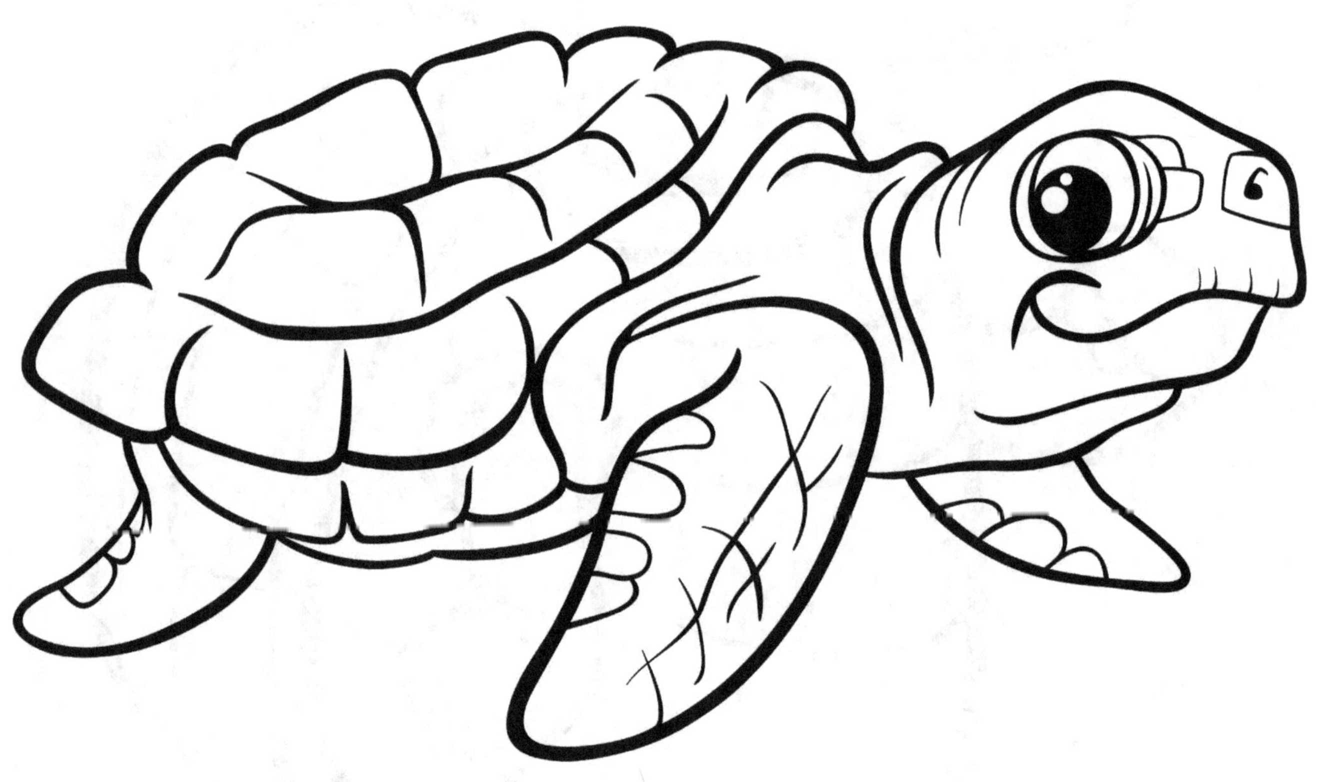

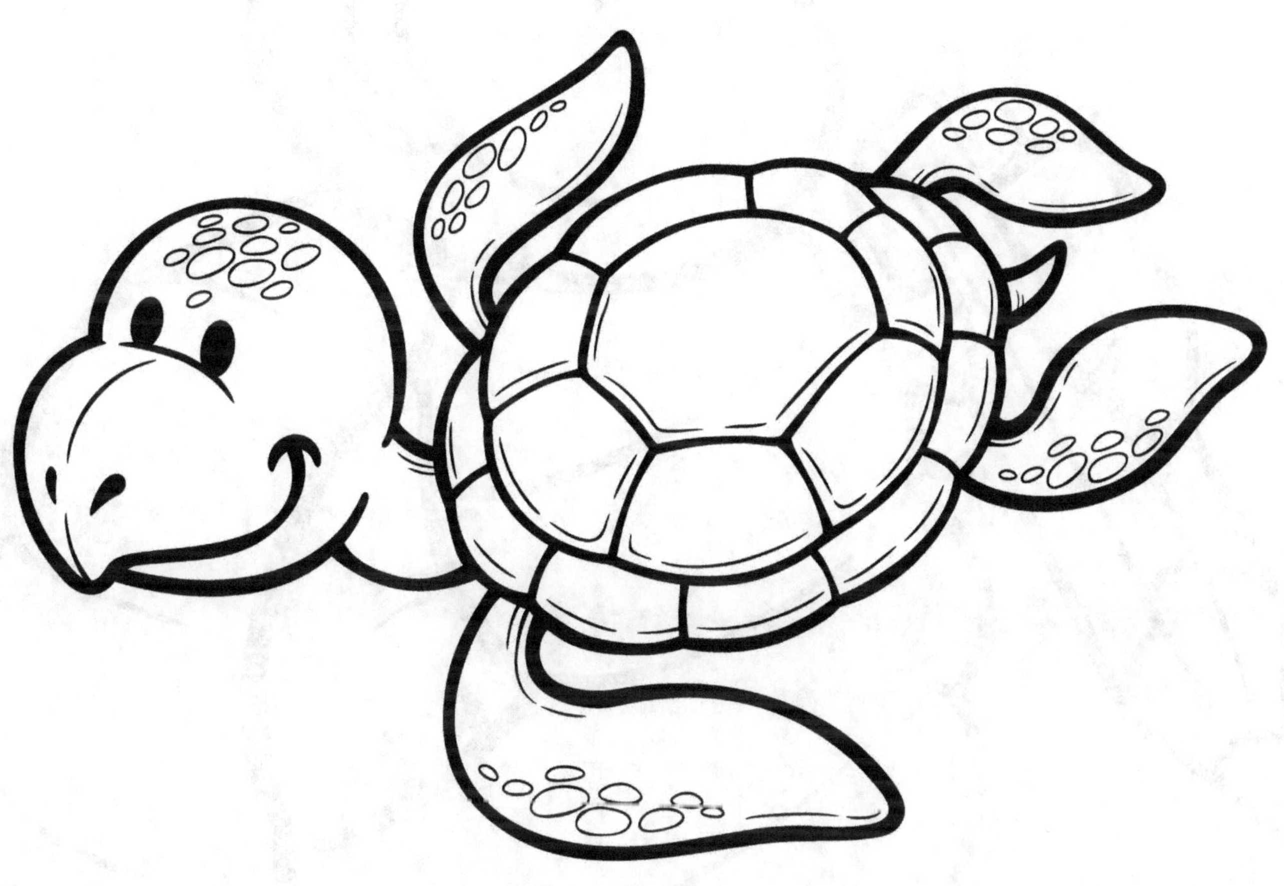

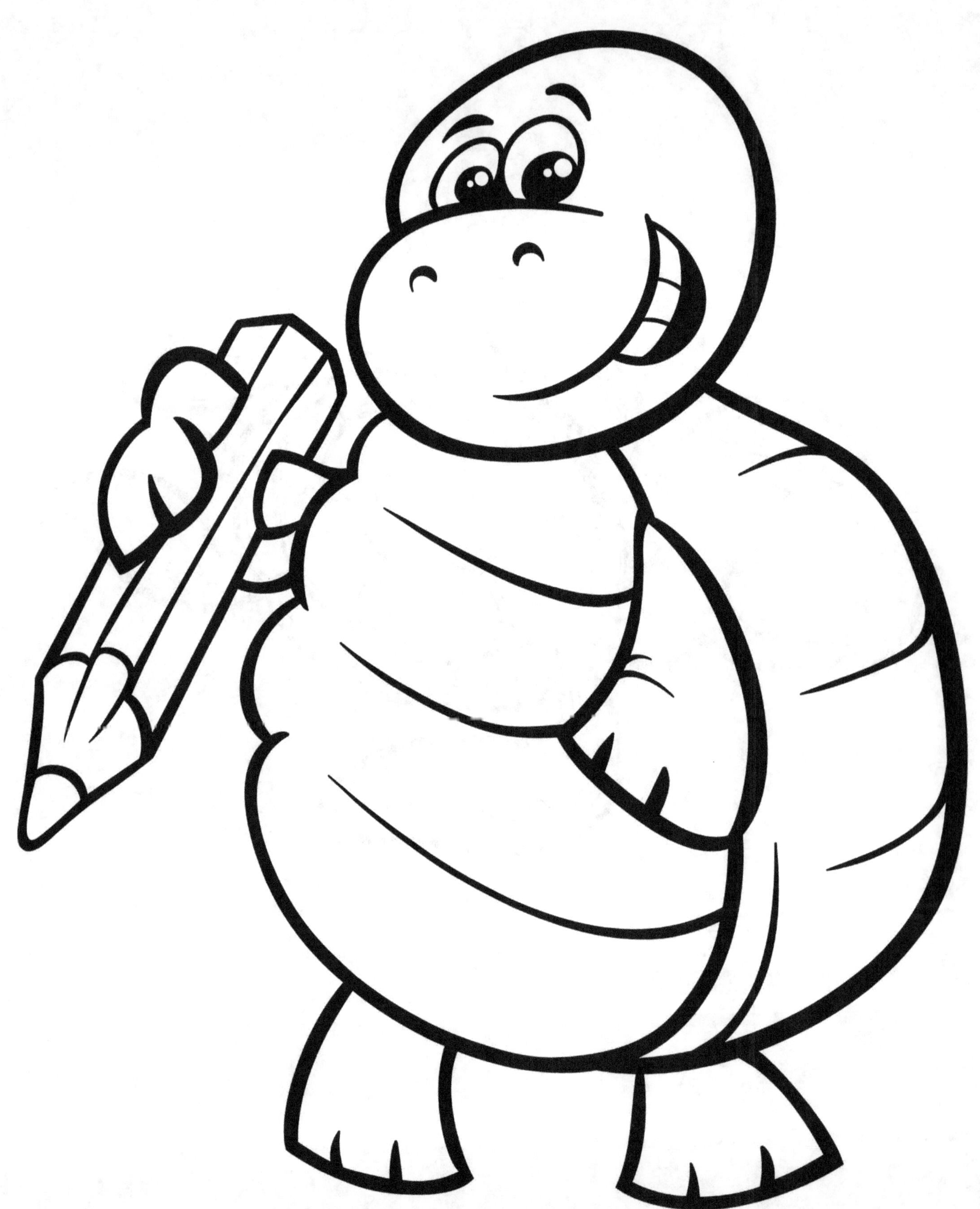

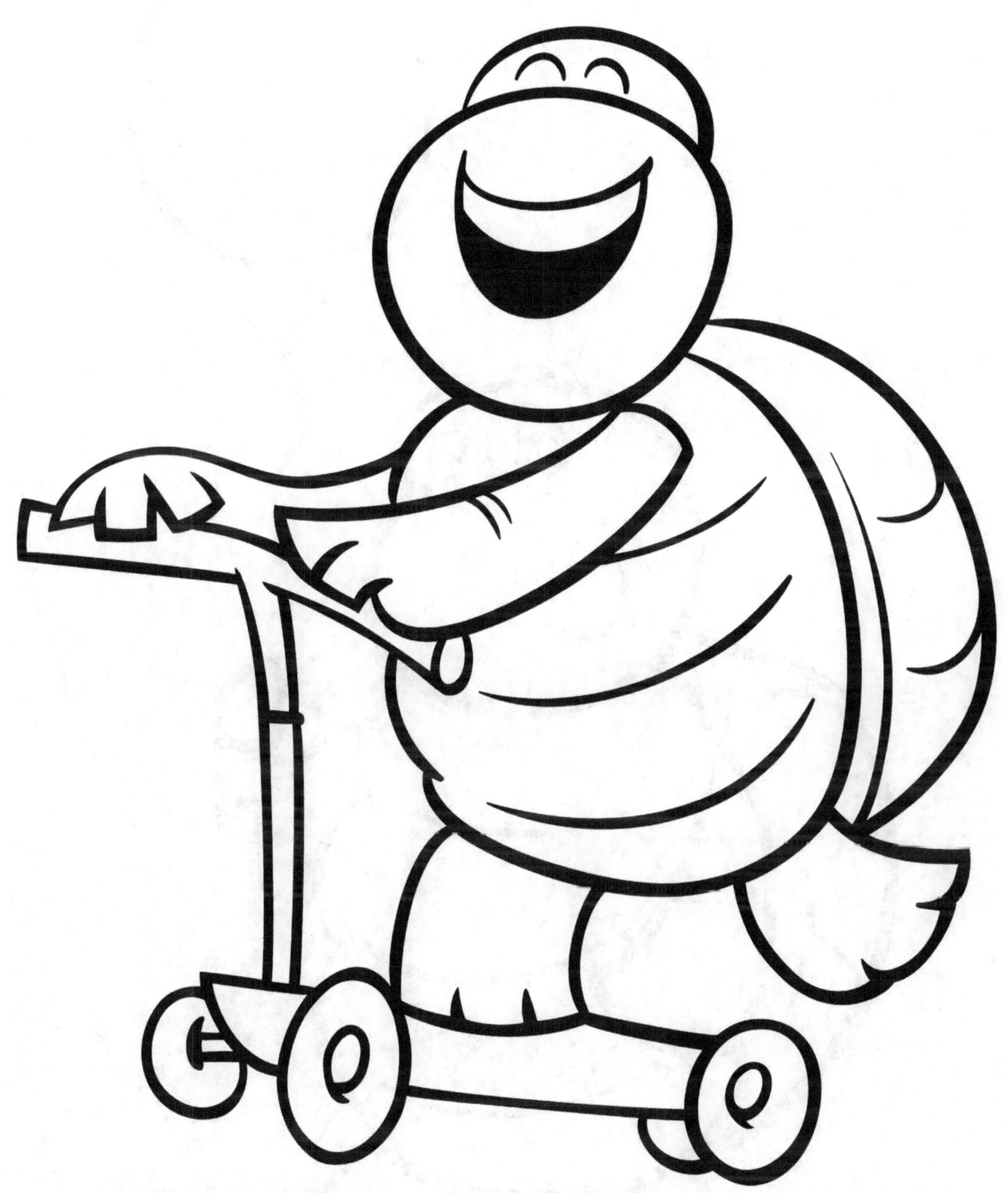

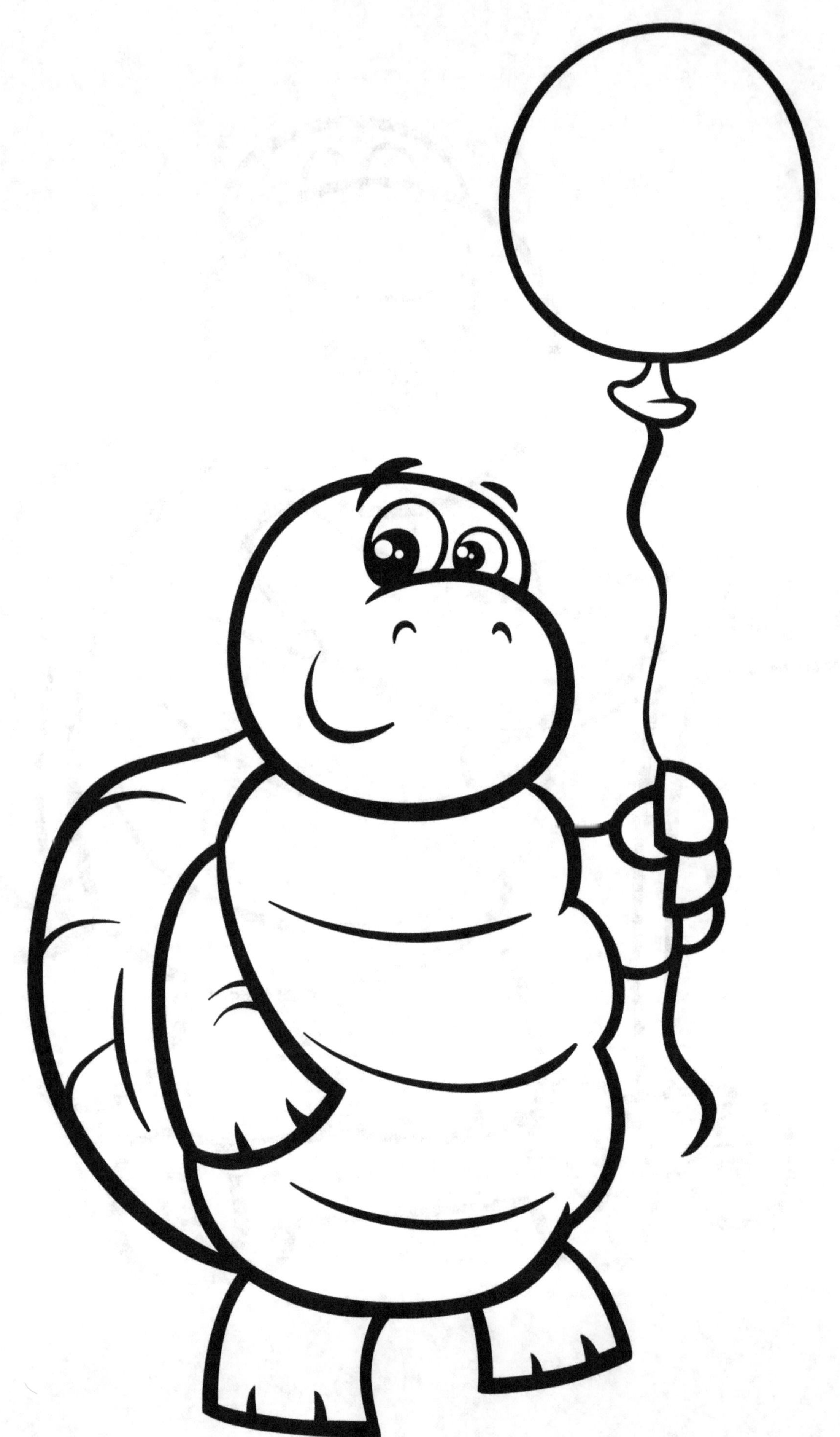

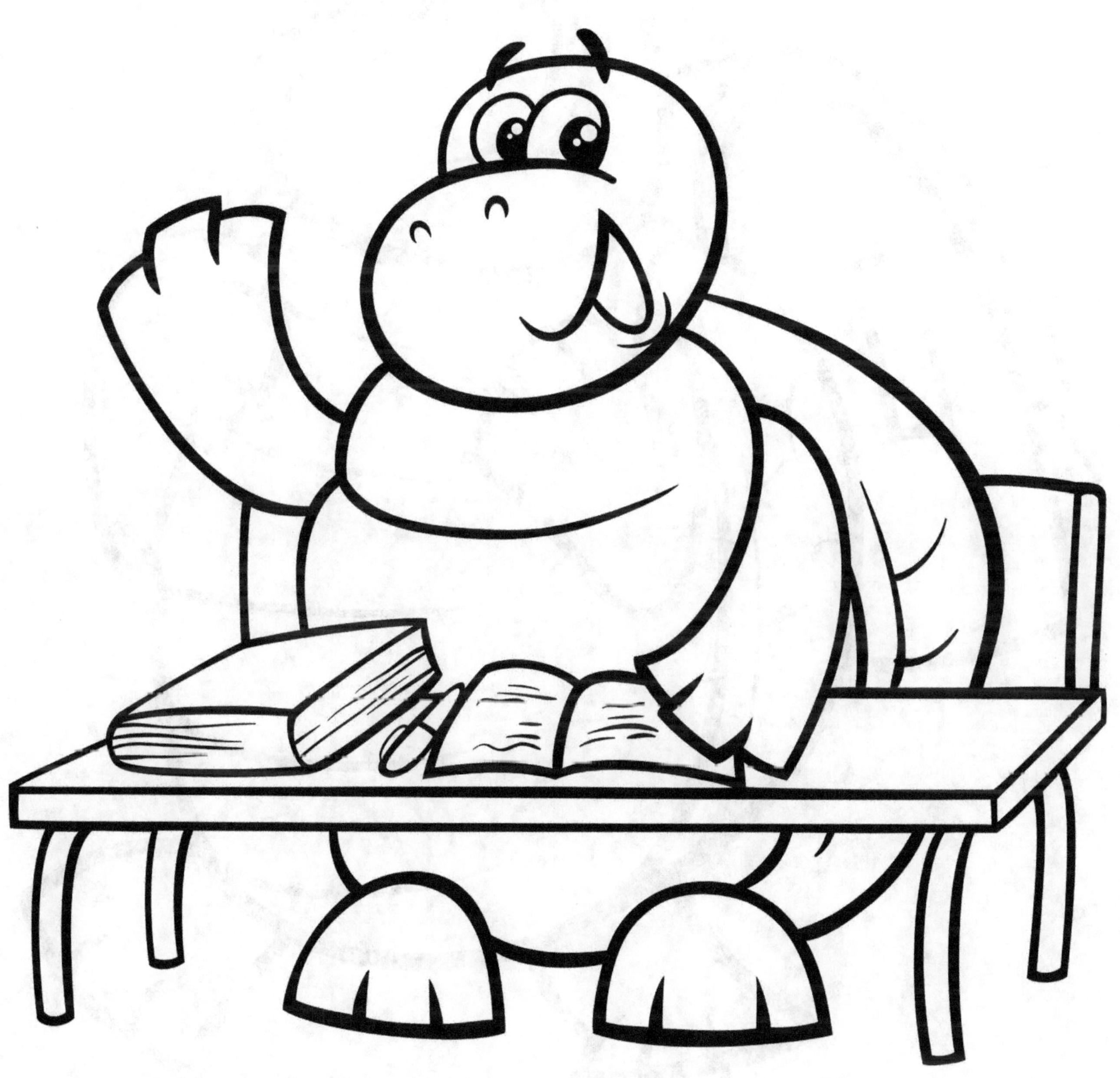

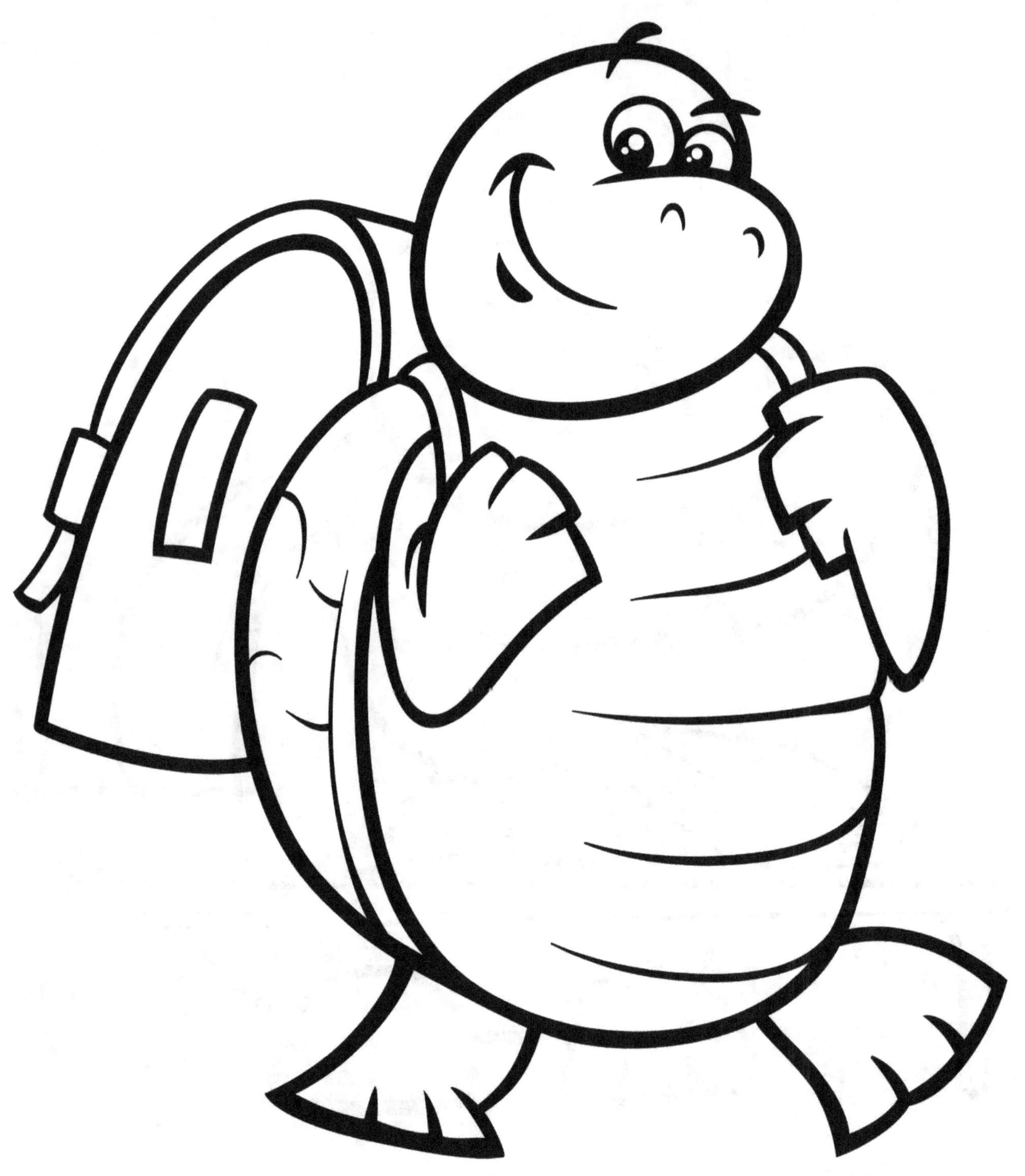

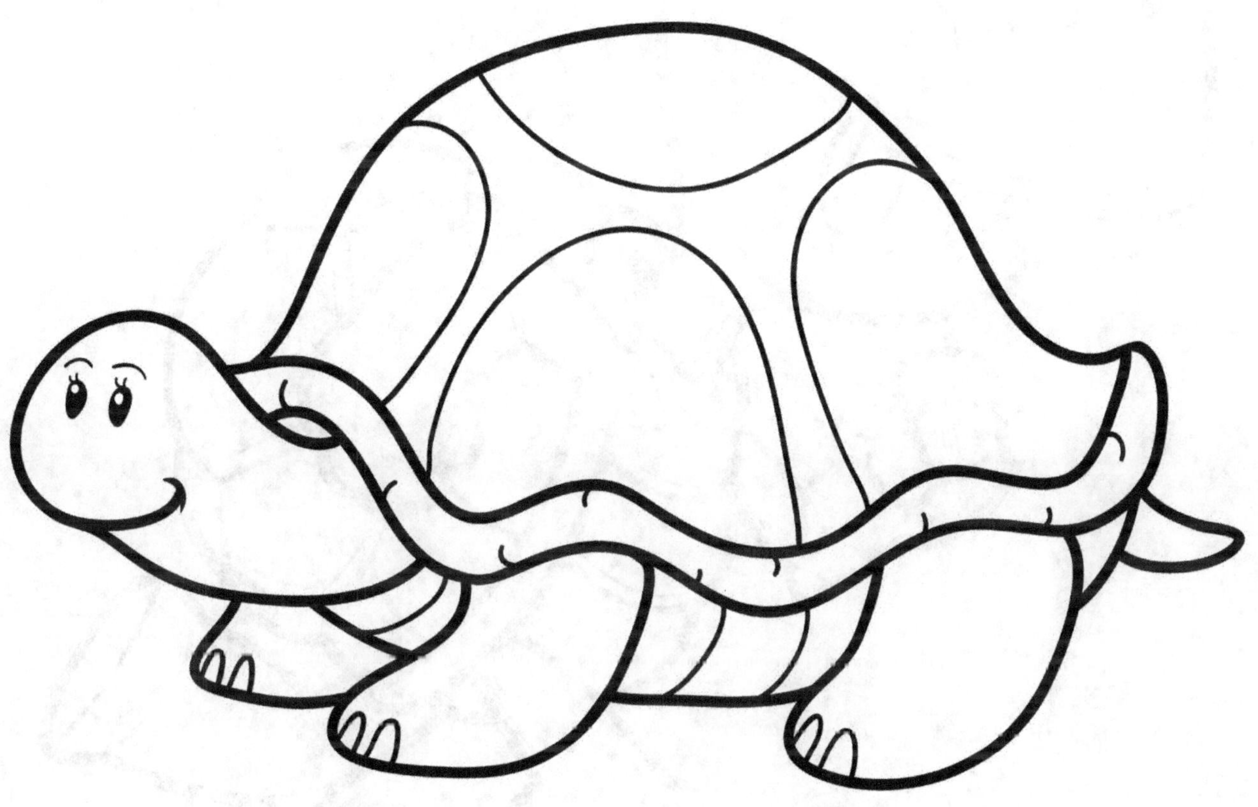

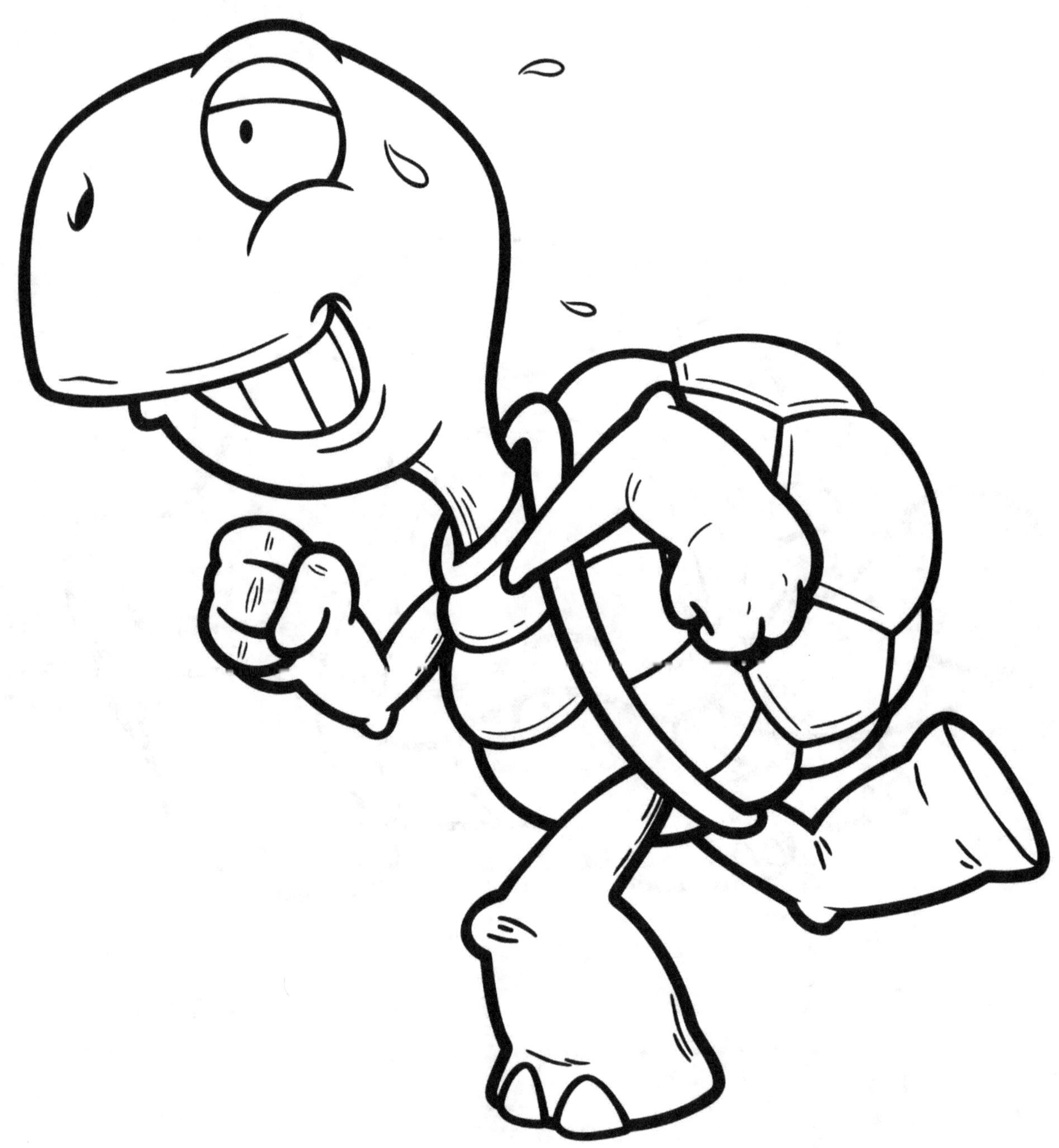

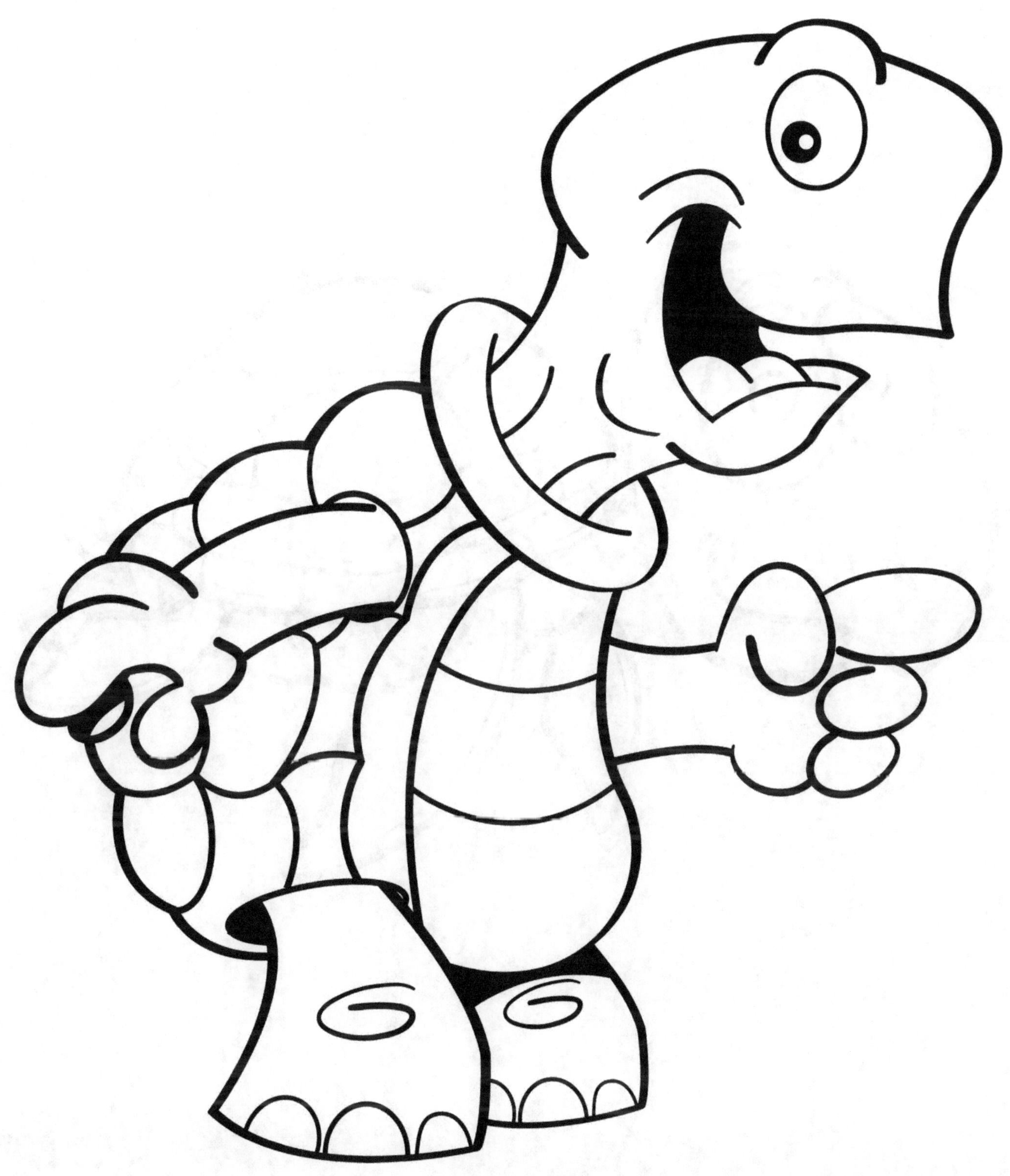

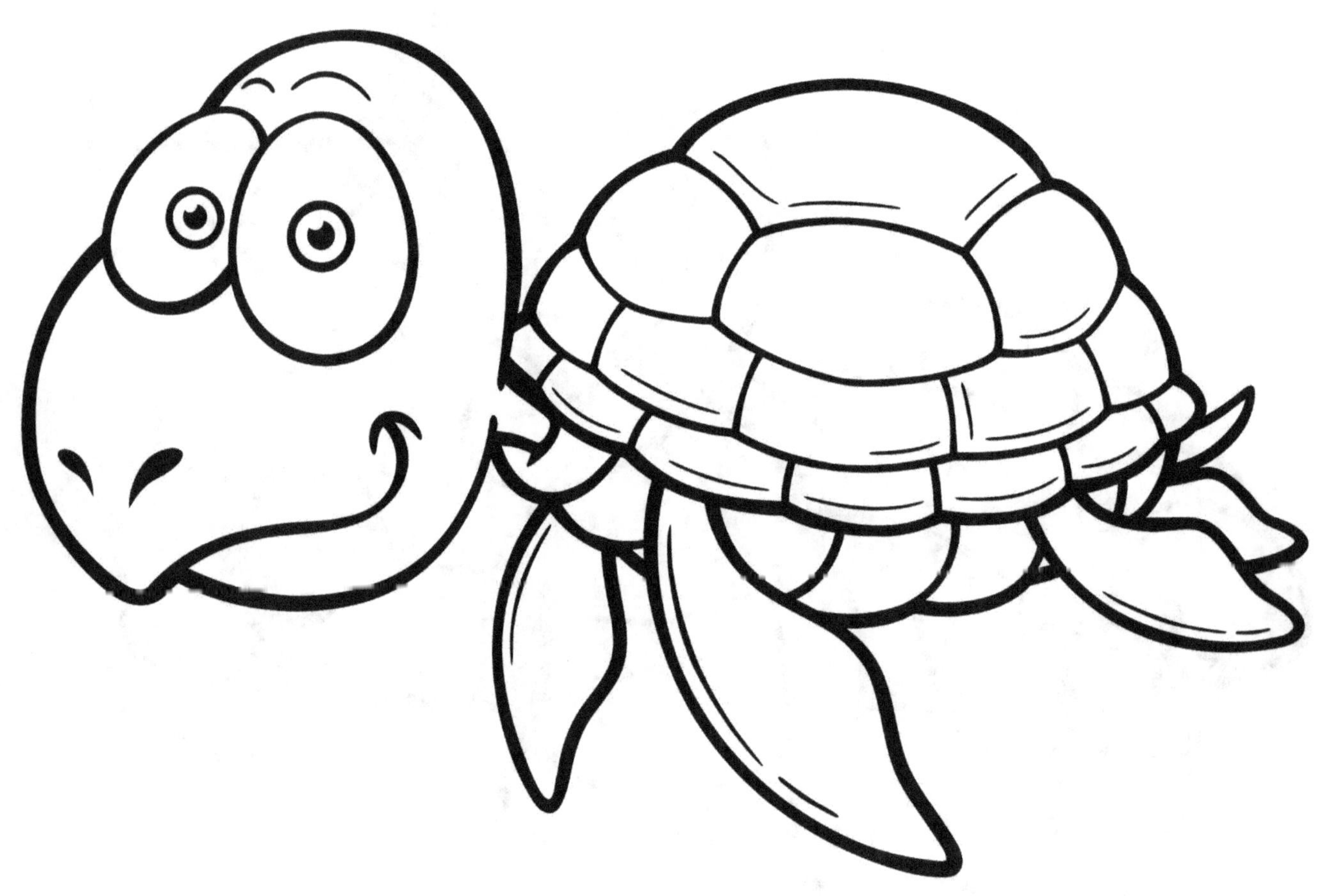

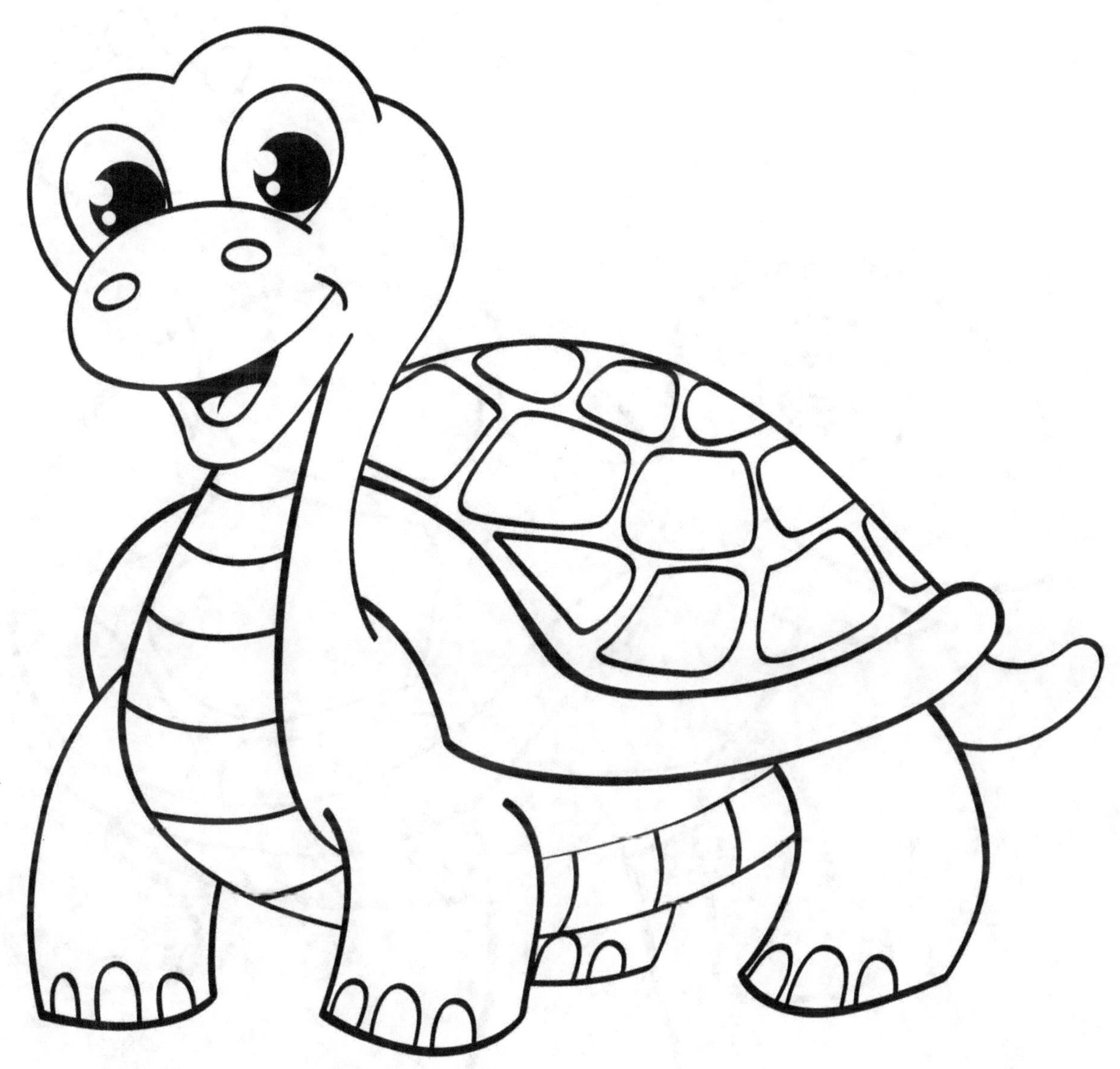

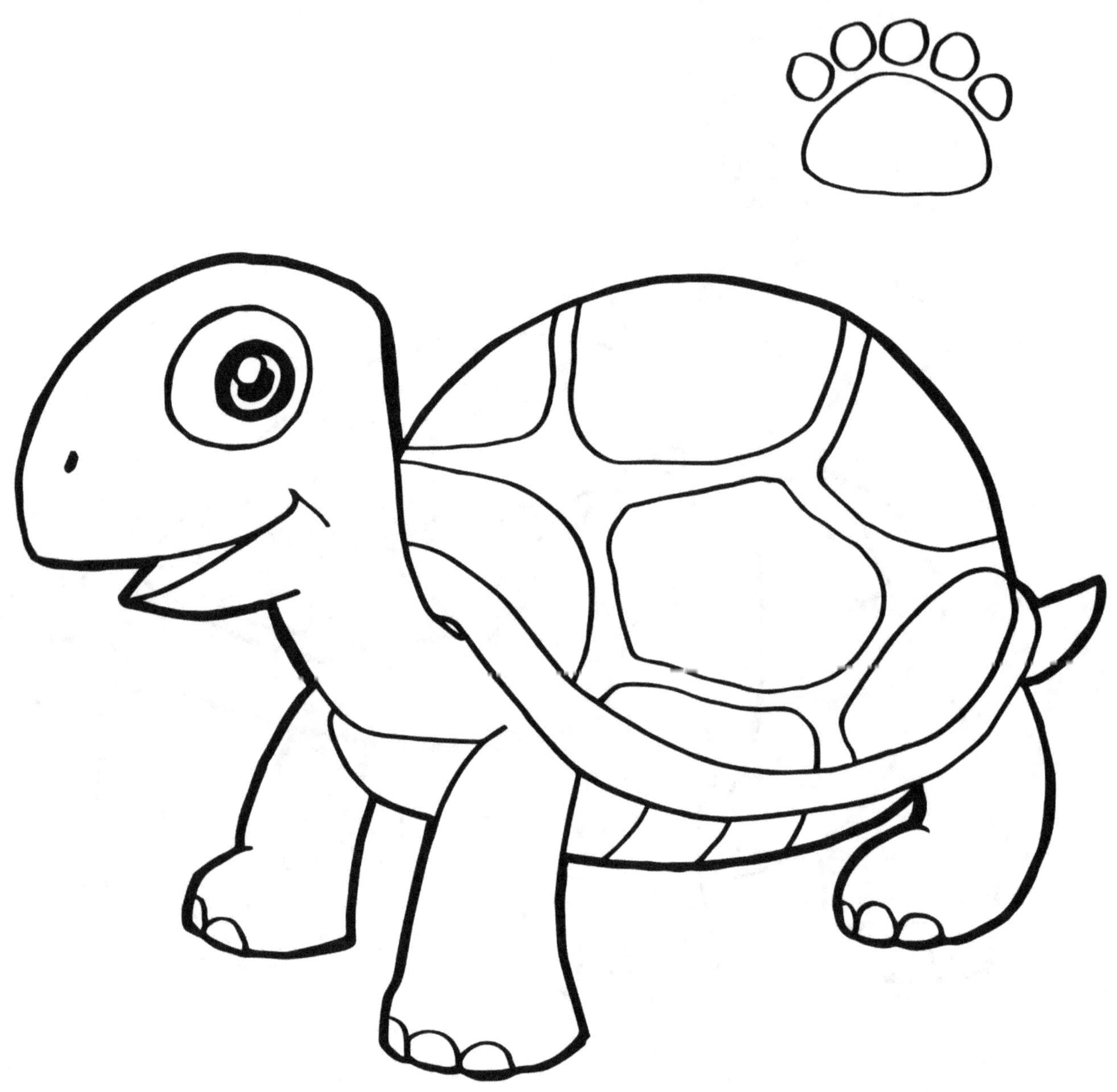

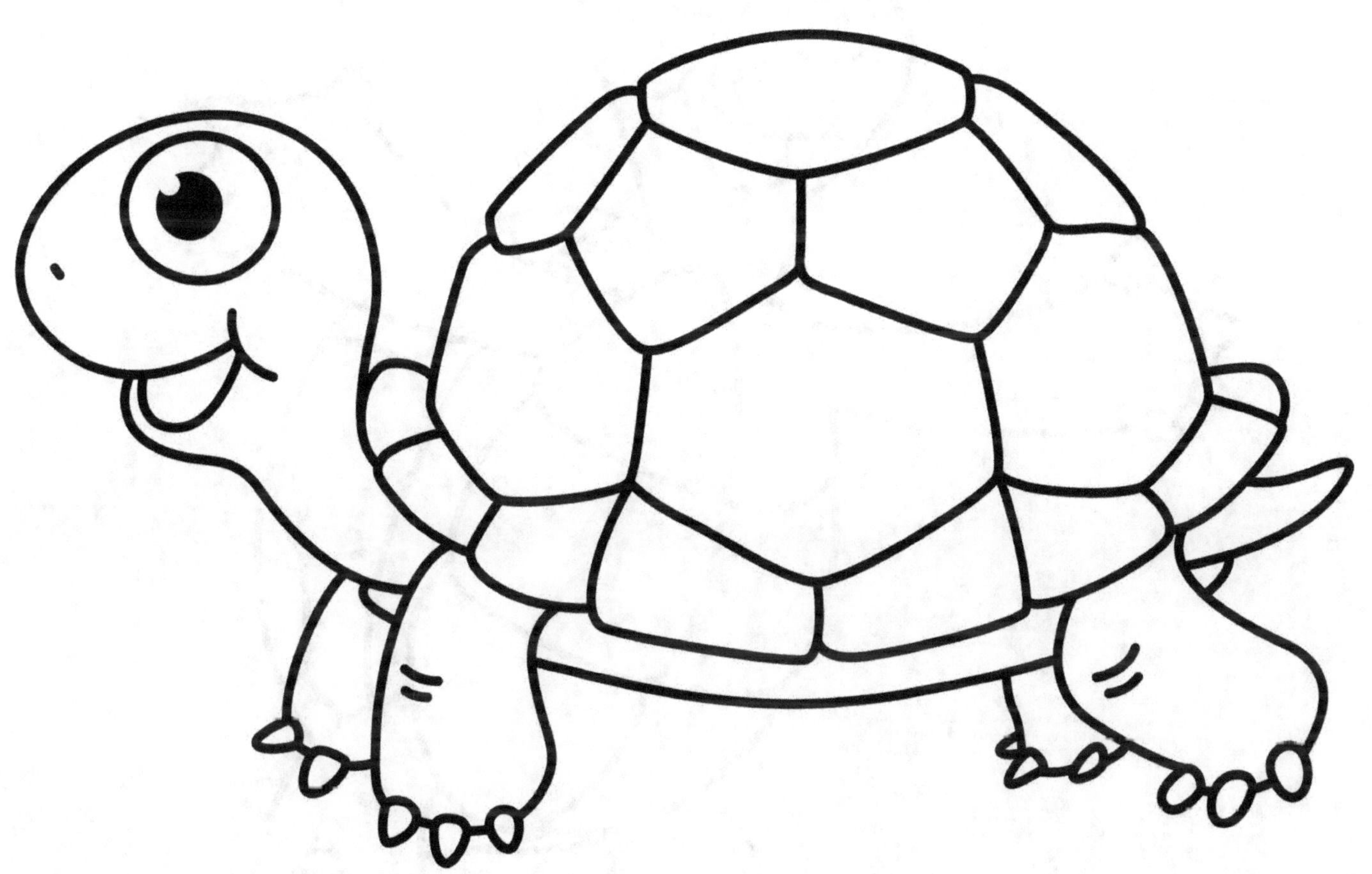

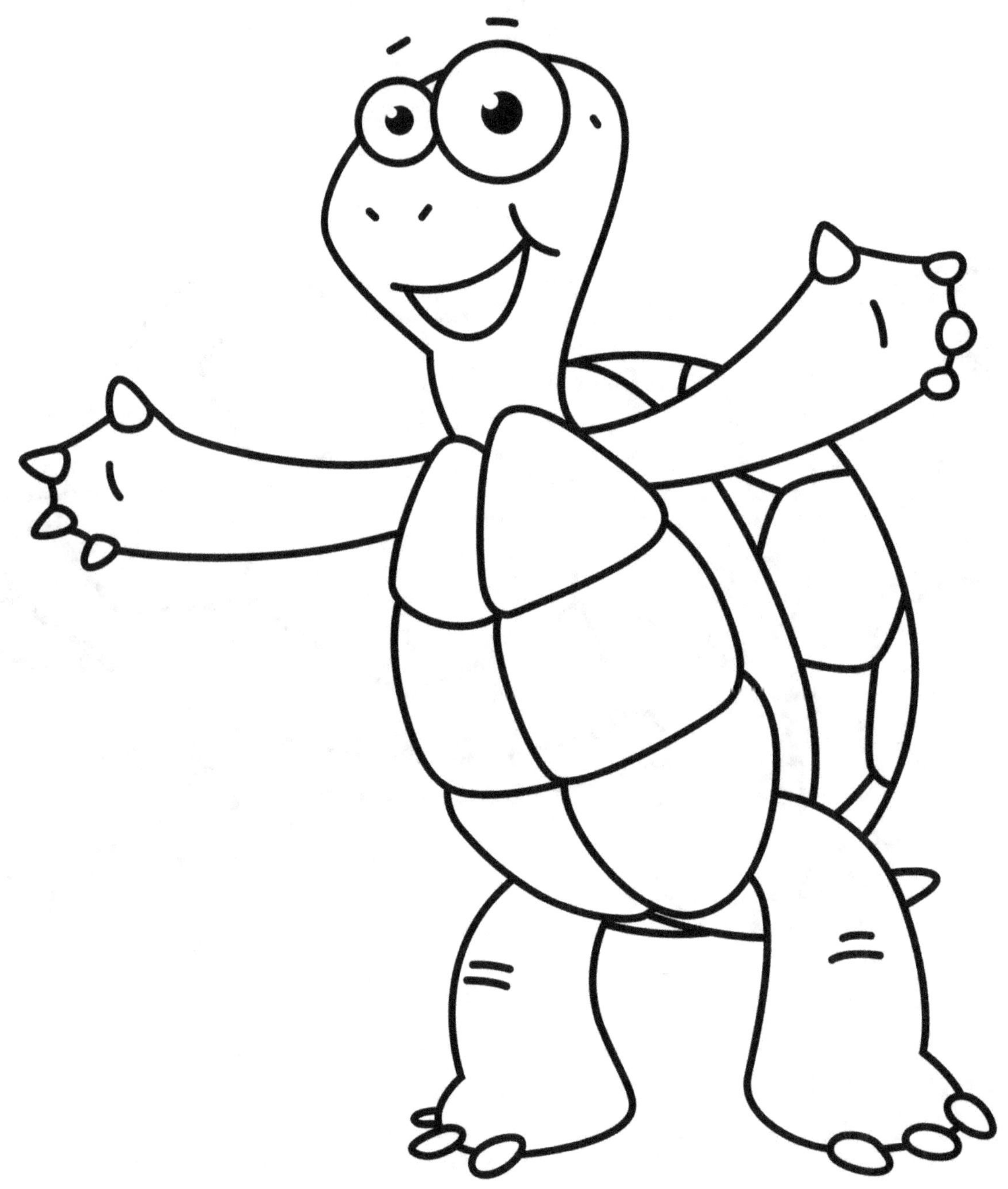

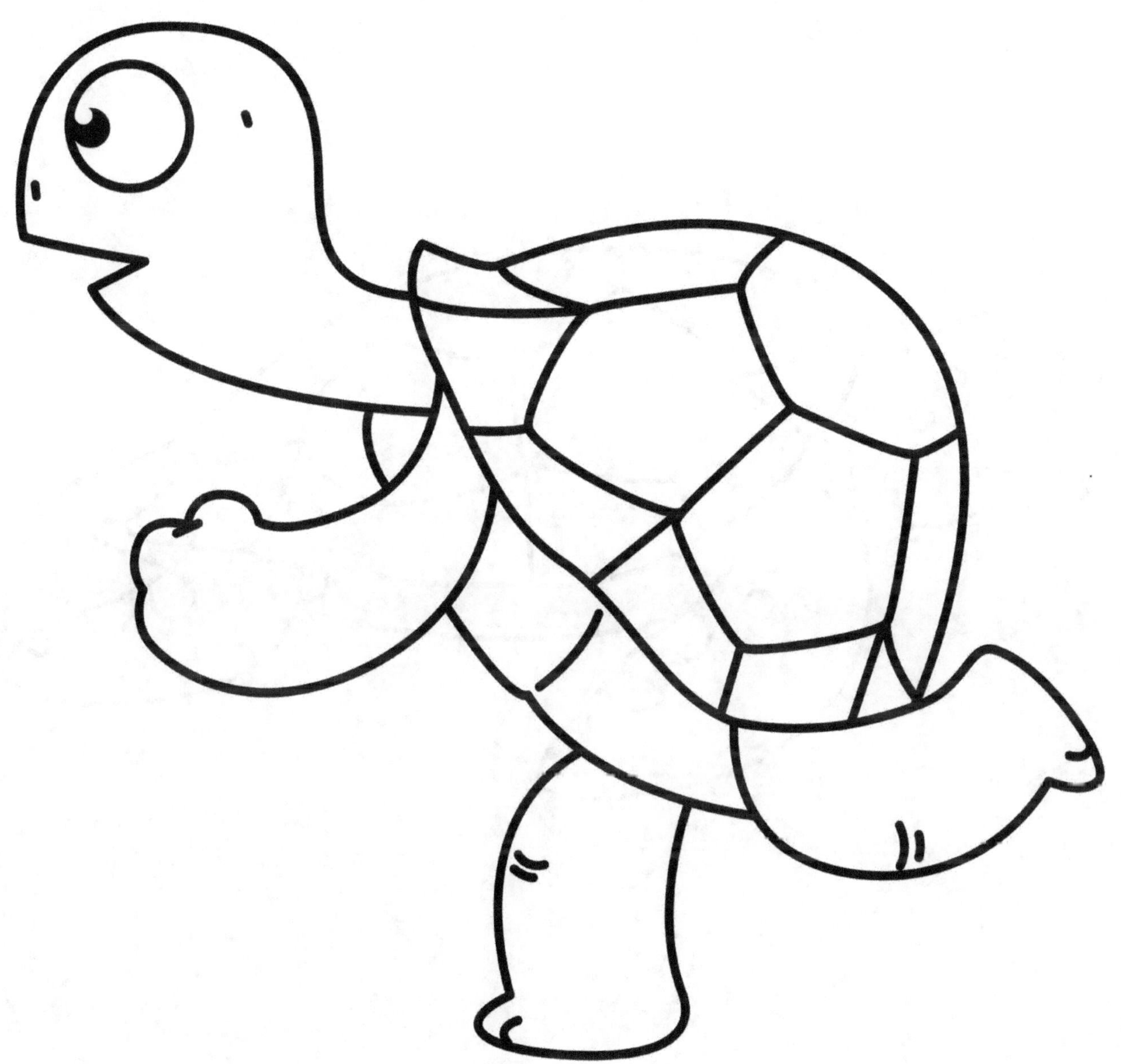

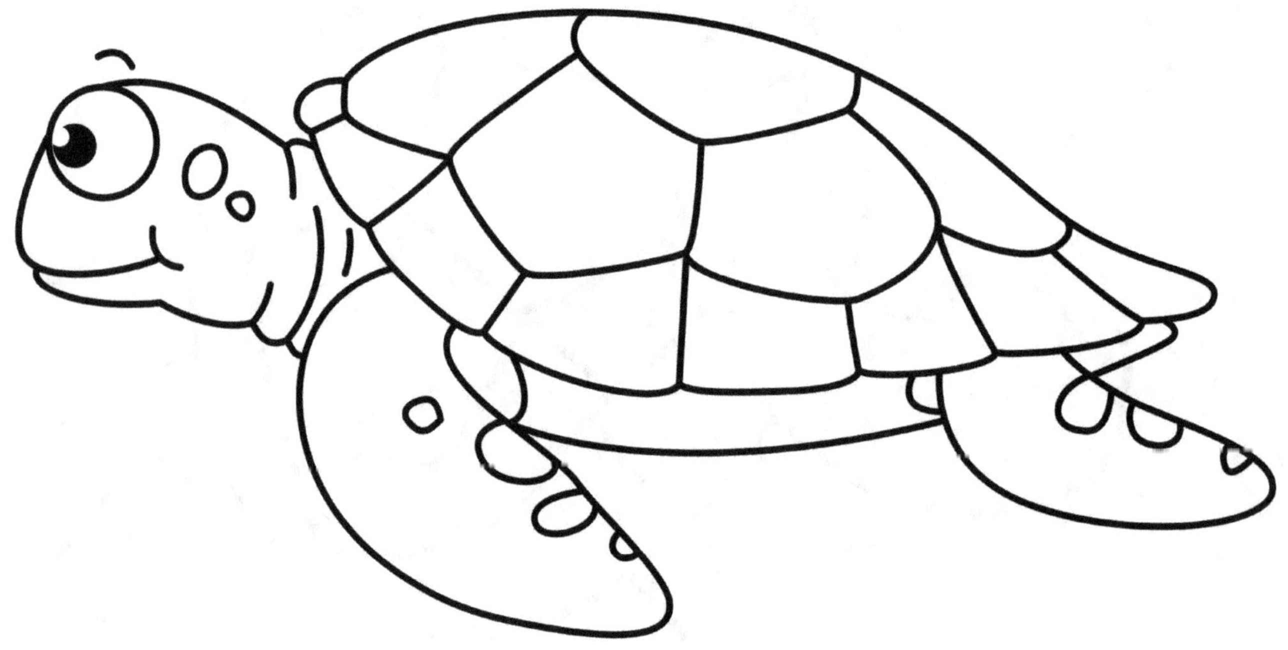

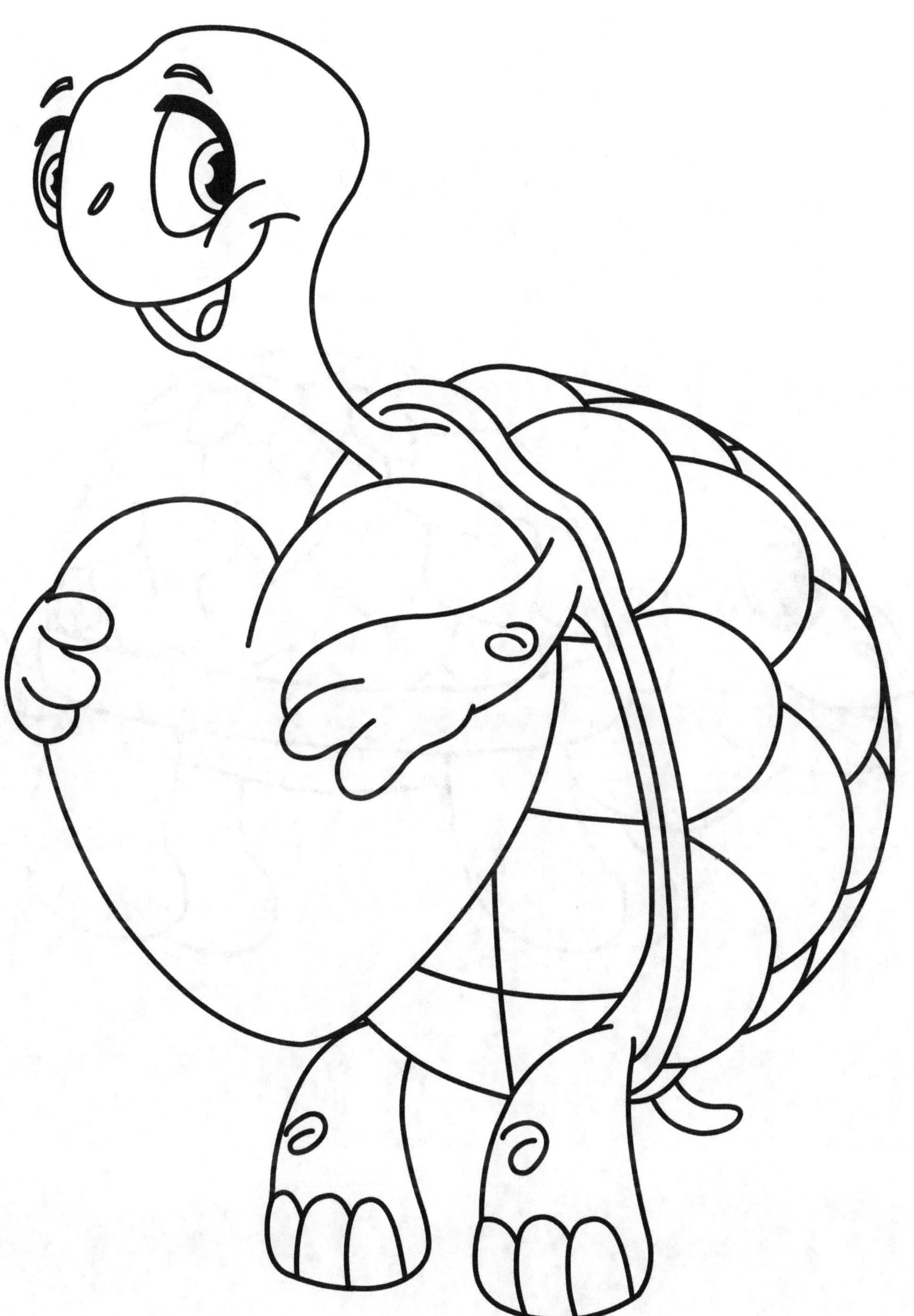

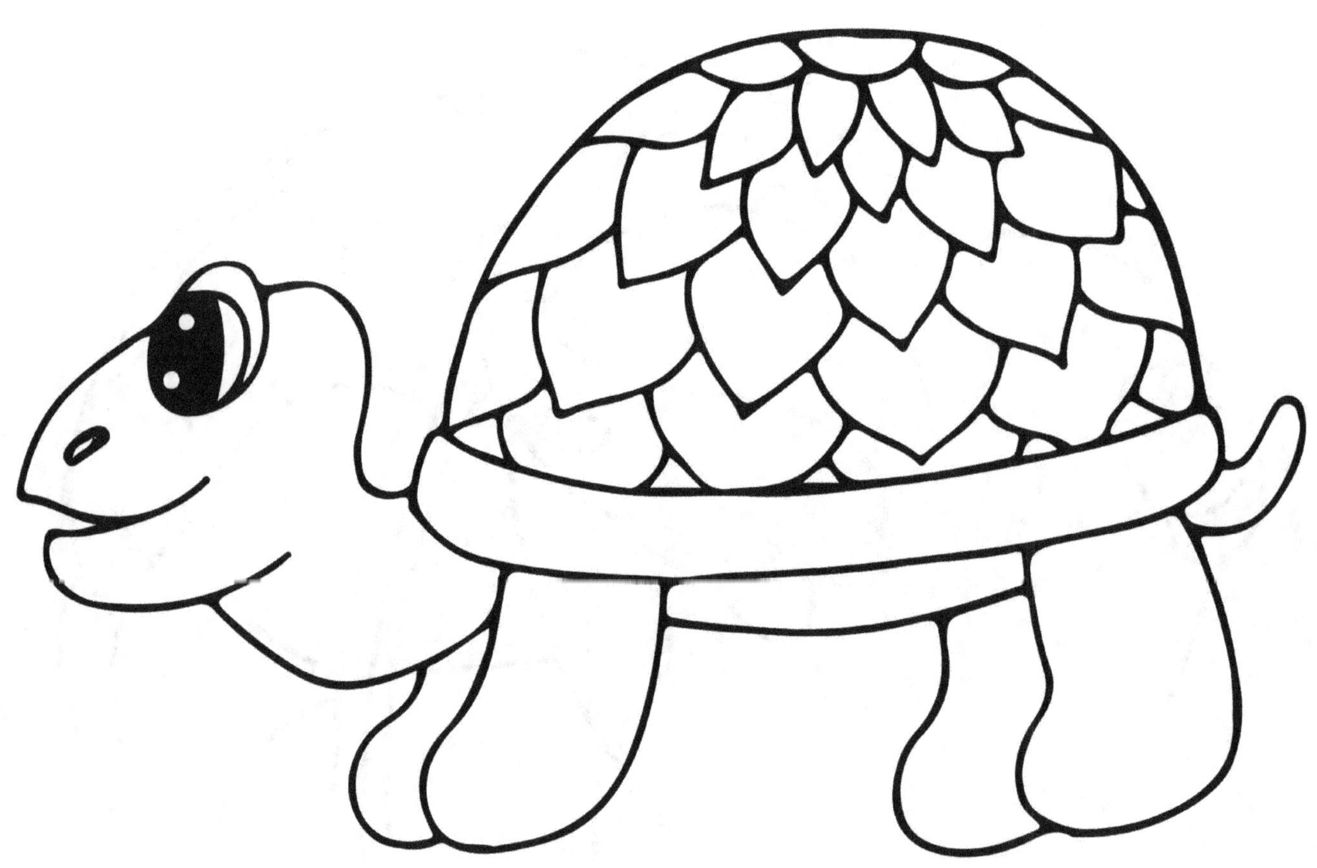